Garfield County Libraries
Carbondale Branch Library
320 Sopris Avenue
Carbondale, CO 81623
(970) 963-2889 • Fax (970) 963-8573
www.GCPLD.org

Mírame crecer

Penelope Arlon
y Tory Gordon-Harris

Explora un poco más

Mírame crecer está diseñado para ayudarte a conocer más sobre los animales y su crecimiento.

Cada tema importante se presenta en letras grandes y con fotos.

Se muestra lo que ocurre en detalle con secuencias de fotos.

El texto en letra pequeña explica las fotos para que entiendas mejor lo que ves.

Del huevo al pollo

La gallina pone huevos, como todas las aves. Se sienta sobre ellos para calentarlos hasta que nacen los polluelos.

El polluelo usa el llamado "diente de huevo" para romper el cascarón.

La gallina se sienta sobre los huevos para calentarlos y protegerlos.

Cuando el polluelo crece lo suficiente, rompe el cascarón.

Al crecer, el polluelo se convierte en un pollo y luce nuevas plumas.

El polluelo está 21 días en el huevo antes de nacer.

Glosario

Índice

En el glosario se explican las palabras; el índice nos muestra dónde aparecen.

Libro digital complementario

Descarga gratis el libro digital **Mírame crecer y jugar** en el sitio de Internet en inglés:

www.scholastic.com/discovermore

Escribe este código: RM6DTMFN4T42

Todo cambia

Algunas crías de insectos no se parecen a sus padres. Haz clic para ver qué cría le pertenece a cada adulto.

Divertidas actividades

Polilla *sustantivo*

Similar a una mariposa, este insecto tiene el cuerpo más grueso, color opaco y antenas plumosas. También se la llama mariposa nocturna.

Más palabras sobre animales

Contenido

Literacy Consultant: Barbara Russ, 21st Century Community Learning Center Director for Winooski (Vermont) School District

Originally published in English as *Scholastic Discover More™: See Me Grow*

Copyright © 2012 by Scholastic Inc.

Translation copyright © 2013 by Scholastic Inc.

All rights reserved. Published by Scholastic Inc., *Publishers since 1920.*

SCHOLASTIC, SCHOLASTIC EXPLORA TU MUNDO™, and associated logos are trademarks and/or registered trademarks of Scholastic Inc.

No part of this publication may be reproduced, stored in a retrieval system, or transmitted in any form or by any means, electronic, mechanical, photocopying, recording, or otherwise, without written permission of the publisher. For information regarding permission, write to Scholastic Inc., Attention: Permissions Department, 557 Broadway, New York, NY 10012.

ISBN 978-0-545-49084-9

10 9 8 7 6 5 4 3 2 1   13 14 15 16 17

Printed in Singapore   46

First Spanish edition, January 2013

Scholastic hace esfuerzos constantes por reducir el impacto ecológico de nuestros procesos de manufactura. Para ver nuestras normas para la obtención de papel, visite www.scholastic.com/paperpolicy

Crías de animales

Algunas crías nacen de huevos que ponen sus madres. Otras crecen en la panza de la madre hasta el nacimiento.

Insectos

La mayoría de los insectos pone huevos que pueden ser azules, verdes o amarillos.

Peces

La mayoría de los peces pone huevos. A veces ponen cientos de huevos de una vez.

Anfibios

La mayoría de los anfibios pone huevos. Los ponen en el agua.

Las mariposas son insectos.

Los peces viven y ponen en el agua.

Las ranas y los sapos son anfibios.

Romper el cascarón

Los polluelos tienen que romper el cascarón para salir del huevo.

cría de avestruz
dentro del huevo

Mamíferos

La mayoría de los mamíferos no pone huevos. Sus crías crecen en la panza de la madre hasta que nacen.

Aves

Las aves ponen huevos. En algunos casos, los padres se sientan sobre los huevos hasta que nacen los polluelos.

Reptiles

La mayoría de los reptiles pone huevos. A veces sus huevos son blandos.

Los caimanes son reptiles.

Muchas aves hacen nidos para los huevos.

Conejos

Las crías de conejo son muy pequeñas al nacer, pero crecen muy rápido.

A las crías de conejo se les llama gazapos.

Los conejos son mamíferos.

¡Un gazapo puede tener más de diez hermanos y hermanas!

Los conejos nacen sin pelo. Tienen un color rosado y los ojos cerrados.

Unos días después, les sale el pelo y abren los ojos.

A las dos semanas, las crías salen del nido y buscan su propio alimento.

De oruga

Las crías de mariposa no se parecen en nada a las mariposas. Sigue sus pasos.

De huevo a adulto

Una mariposa pone un huevo redondo.

Del huevo sale una oruga.

La oruga come y come sin parar.

Se recubre de una crisálida para protegerse.

a mariposa

Las mariposas son insectos.

Los cambios ocurren dentro de la crisálida.

A las dos semanas, la crisálida se abre.

Una mariposa sale de la crisálida.

La mariposa se aleja volando.

La vida de la rana

Las crías de rana viven en el agua. Las ranas adultas viven en la tierra y en el agua.

De renacuajo a rana

Una rana pone huevos en el agua.

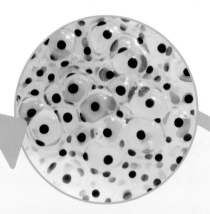

De los huevos salen renacuajos que viven en el agua.

rana

Las ranas son anfibios. Los renacuajos respiran en el agua, pero las ranas adultas respiran dentro y fuera del agua.

renacuajos

Poco después, los renacuajos se convierten en ranas. Las ranas adultas viven en la tierra y en el agua.

A los renacuajos les salen patas, y poco a poco desaparece su cola.

11

En la bolsa

La cría de canguro
vive en la bolsa,
o marsupio, de
su madre.

**El marsupio es
una bolsa que
tiene la madre
en la panza.**

canguro

cría

A veces la cría
saca la cabeza
del marsupio.

La cría es muy pequeña. Al nacer, va al marsupio.

La cría toma la leche de la madre dentro del marsupio.

Después de seis meses, la cría sale del marsupio.

Estos mamíferos con marsupio viven en Australia.

koala

cría

Tras unos seis meses, la cría de koala sale de la bolsa de la madre y se trepa en su lomo.

Crías de tiburón

Muchos tiburones ponen huevos. No todos los huevos son iguales.

Al nacer, los tiburones ya tienen dientes.

Los escuálidos ponen huevos llamados bolsos de sirena.

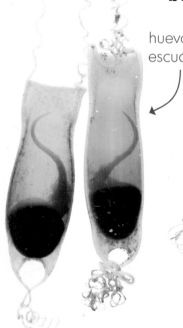

huevo de escuálido

tiburón escuálido

La madre pone dos huevos en el fondo del mar.

Las crías de tiburón crecen en los huevos.

Después de un tiempo, salen del huevo.

Las crías tienen que sobrevivir sin la ayuda de sus padres.

Los tiburones son peces. Muchos peces ponen huevos. La hembra de tiburón blanco produce huevos que se abren en su interior, de modo que la madre pare a las crías.

La hembra de tiburón leopardo puede tener hasta 33 crías de una vez.

La hembra de tiburón leopardo comienza a tener crías a los diez años de edad.

Del huevo al pollo

La gallina pone huevos, como todas las aves. Se sienta sobre ellos para calentarlos hasta que nacen los polluelos.

El polluelo usa el llamado "diente de huevo" para romper el cascarón.

cascarón

La gallina se sienta sobre los huevos para calentarlos y protegerlos.

Cuando el polluelo crece lo suficiente, rompe el cascarón.

Al crecer, el polluelo se convierte en un pollo y luce nuevas plumas.

El polluelo está 21 días en el huevo antes de nacer.

Larvas de abeja

Las abejas mieleras viven en grupos y cuidan juntas a sus crías.

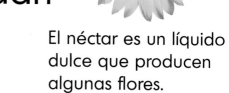

El néctar es un líquido dulce que producen algunas flores.

Las abejas hacen nidos de cera. La abeja reina pone un huevo en cada celda.

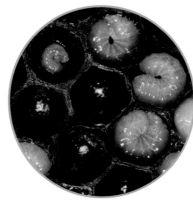

A los tres días, las crías, llamadas larvas, salen del huevo.

A los seis días de nacer, la larva se envuelve en un capullo y cambia en su interior.

abeja reina

18

Las abejas obreras recolectan el néctar de las flores para hacer la miel con la que alimentan a las larvas.

abeja obrera

Las abejas obreras trabajan sin parar.

Dos semanas después, sale del capullo una abeja adulta.

Caimanes

Los caimanes, como casi todos los reptiles, ponen huevos.

El caimán nace con todos los dientes.

La caimana a veces lleva sus crías en la boca hasta el agua.

La hembra hace un nido de barro y hierbas. Pone entre 25 y 50 huevos.

La madre cuida de los huevos. Después de dos meses aproximadamente, nacen las crías.

La madre lleva las crías al agua. Los pequeños caimanes saben nadar desde que nacen.

Las crías de caimán se quedan con su madre hasta dos años.

cría de caimán

El pez payaso se oculta entre anémonas venenosas para protegerse.

Crías de peces

El pez payaso vive en arrecifes de coral. Pone cientos de huevos en las rocas.

crías de pez payaso

El pez payaso pone sus huevos cerca de anémonas marinas venenosas para protegerlos de los peces que se los comen.

De huevo a cría

huevos

El pez payaso pone cientos de huevos. Los padres los protegen con pasión.

Unos cinco días después, peces payaso diminutos salen de los huevos.

La cría se aleja nadando y busca su propio alimento.

23

Potros

Desde muy jóvenes, los caballos pueden correr para escapar del peligro.

El caballo es un mamífero.

Los potros salvajes quedan al cuidado de la madre por un año.

A las crías se las llama potros.

El potro crece en la panza de la madre hasta que está listo para nacer.

Minutos después de nacer, se para y empieza a caminar.

El potro se alimenta de la leche que produce la madre.

Después de unos días, el potro corre más rápido que un ser humano.

Cachorros

Los perros pueden tener hasta doce cachorros de una vez, pero por lo común tienen seis.

Nacer

La madre tiene una camada de cachorritos.

La perra, como todas las hembras de mamífero, produce leche en su cuerpo y de esa leche se alimentan los cachorros por 2 meses.

comida de la madre

1 día

Los cachorros pueden oler la leche de la madre.

10 días

A los 10 días de nacidos, los cachorros abren los ojos.

1 mes

A las 4 semanas, comienzan a mover la cola y a ladrar.

2 meses

A los 2 meses, ya no necesitan de su madre.

A los cachorros les encanta revolcarse y jugar, igual que a los niños.

27

Los huevos del petirrojo
americano tienen un
bello color azul.

Polluelos

Los petirrojos, como muchas aves, hacen sus nidos en los árboles.

Al gavilán colirrojo le gusta comer polluelos de petirrojo.

La madre hace un nido y pone los huevos.

Los polluelos nacen ciegos y sin plumas.

Los polluelos abren bien la boca para comer.

Los padres les dan insectos y bayas.

A las dos semanas, ya están listos para partir.

El polluelo salta del nido y sale volando.

Glosario

anémona marina
Animal con forma de tubo que tiene una boca rodeada de tentáculos punzantes.

anfibio
Animal de sangre fría. Los anfibios pasan parte de la vida en el agua y parte en la tierra. Las ranas y los sapos son anfibios.

arrecife coralino
Arrecife formado por corales en el mar. Los corales son esqueletos de animales.

ave
Animal que tiene plumas, alas y pico. Las aves tienen sangre caliente.

cachorro
Cría del perro.

camada
Grupo de animales que nacen al mismo tiempo y de la misma madre.

crisálida
Cubierta que envuelve y protege a algunas crías de insectos.

gallina
Ave adulta, hembra del gallo.

gazapo
Cría del conejo.

insecto
Pequeño animal cuyo cuerpo está dividido en tres partes. Los insectos tienen seis patas y pueden tener alas. Las mariposas y las abejas son insectos.

larva
Cría de insecto como, por ejemplo, una abeja.

mamífero
Animal de sangre caliente. Los mamíferos alimentan a sus crías con leche y usualmente tienen pelo en la piel. Los perros y los seres humanos son mamíferos.

oruga
Forma que tienen en la primera etapa de su vida las mariposas diurnas y nocturnas.

pez
Animal de sangre fría que vive en el agua y tiene escamas, aletas y branquias.

polluelo
Cría de un ave.

potro
Cría del caballo.

reptil
Animal de sangre fría. Los reptiles usualmente tienen escamas y ponen huevos. Los caimanes y las serpientes son reptiles.

Índice

Agradecimientos

Directora de arte: Bryn Walls
Diseñadora: Ali Scrivens
Editora general: Miranda Smith
Editora en EE.UU.: Beth Sutinis
Editores en español: María Domínguez, J.P. Lombana
Diseñadora de la cubierta: Natalie Godwin
DTP: John Goldsmid
Investigación fotográfica: Dwayne Howard
Director ejecutivo de fotografía, Scholastic: Steve Diamond

Créditos fotográficos
1: B. Stefanov/Shutterstock; 3t: Comstock/Getty Images; 3b: Chris Stein/Getty Images; 4tl: Thomas Marent, UK; 4tc: Papilio/Alamy; 4tr: Rosemary Clavert/Getty Images; 4bl: Comstock/Getty Images; 4bc: Global P/iStockphoto; 4br: Saje/Shutterstock; 4–5 (reverso): Petron Stanislav Eduardovich/Shutterstock; 5tl: Ingo Arndt/Getty Images; 5ml: Coyote Photography.co.uk/Alamy; 5mc: Pashalgnator/iStockphoto; 5bl: Fivespots/Shutterstock; 5bc: Travis Klein/Shutterstock; 5br: Darren Baker/Shutterstock; 6–7: Chris Stein/Getty Images; 7tr: Stefan1234/IStockphoto; 7m: GK Hart/Vikki Hart/Getty Images; 7bl: Maten/iStockphoto; 7bc: Saje/iStockphoto; 7br: Jim Larkin/iStockphoto; 8t: Claudia Knieling/Alamy; 8bl, 8bcl, 8bcr, 8br: Thomas Marent, UK; 9t: Comstock/Getty Images; 9bl, 9bcl, 9bcr, 9br: Thomas Marent, UK; 10: Bob Elsdale/Getty Images; 11tr: Alex Branwell/Getty Images; 11tc: Rosemary Calvert/Getty Images; 11ml: Burazin/Shutterstock; 11mr, 11b: Geoff Dann/Getty Images; 12: Frans Lanting/Corbis; 13tl: Mitsuaki Iwago/Minden/Getty Images; 13tc: David Courtney/Getty Images; 13tr: Theo Allofs/Getty Images; 13b: Eric Isselee/Shutterstock; 14tr: BW Fohsom/Getty Images; 14bl: Kim Taylor/Getty Images; 14bcl, 14bcr: Neil Fletcher/Getty Images; 14br: Dave King/DK/Getty Images; 15t: David Fleetham/Visuals Unlimited; 15b: Design

Pics, Inc/Alamy; 16–17: Jean-Paul Nacivet/Getty Images; 17tl: Val/Getty Images; 17tc: Buena Vista Images/Getty Images; 17tr: Dbtale/Shutterstock; 18tr: Tischanko Irina/Shutterstock; 18ml: Lilkar/Shutterstock; 18mc: Stephen Dalton/Minden/Getty Images; 18mr: Heidi & Hans-Juergen Koch/Minden/Getty Images; 18b: Alex Wild Photography, Champaign-Urbana, IL.; 18–19 (reverso): Tischanko Irina/Shutterstock; 19tl: Alle/Dreamstime; 19ml: Eric Tourneret/Visuals Unlimited, Inc.; 20tr: Eric Isselee/Shutterstock; 20ml: Lockwood, C.C./Animals Animals Earth Scenes; 20b: Netfalls/Shutterstock; 21tl, 21tc, 21tr: Heiko Kiera/Shutterstock; 21b: Chris Johns/National Geographic Images; 22: Martin Strmiska/Seapics; 23tra: Rion819/IStockphoto; 23trb: CBPix/iStockphoto; 23mr: Global P/iStockphoto; 23bl: Louise Murray/Alamy; 23bc: Water Frame/Alamy; 23br: Doug Perrine/Seapics; 24tr: Global P/iStockphoto; 24–25: Radius Images/Corbis; 25tl: Mari_Art/iStockphoto; 25t: PBPA Paul Beard Photo Agency/Alamy; 25ma: Einarsson, Palmi/Index Stock/Corbis; 25mb: I. Akhundova/Shutterstock; 25b: Juniors Bildarchiv/Alamy; 26tr: Eric Lam/Shutterstock; 26l: Eric Isselee/Shutterstock; 26br: Eric Lam/Shutterstock; 26–27m: Willee Cole/Shutterstock; 27tl: Eric Lam/Shutterstock; 27tr, 27mcl, 27mcr, 27mr, 27b: Willee Cole/Shutterstock; 28: Mira/Alamy; 29tr: P. Schwarz/Shutterstock; 29ml: Bruce MacQueen/Shutterstock; 29mc: Wendy Rentz/Shutterstock; 29mr, 29bl: Cheryl E. Davis/Shutterstock; 29bc, 29br: Martha Marks/Shutterstock; 30–31: Eric Lam/Shutterstock.

Los créditos de las imágenes de la página 2 aparecen en las páginas 16–17 y 30–31.

Créditos de cubierta
Cubierta: Ingo Arndt/Foto Natura/Getty Images; ml: Comstock/Gettyimages; b (frente): Gary Bell/Corbis; b (reverso): Rosemary Calvert/Getty Images. Back tl: Martin Ruegner/Getty Images; tc: Andia/Alamy; tr: Perennou Nuridsany/Photo Researchers, Inc.;
ml: Dr Jeremy Burgess/Science Photo Library; mr: Daniel Cooper/Getty Images;
b: Manaemedia | Dreamstime.com.